AMIR BENOMAR

GLI STRALCI IMMOBILIARI

Come Investire nel Settore Immobiliare Combinando Stralci e Cessioni di Compromesso

Titolo

"GLI STRALCI IMMOBILIARI"

Autore

Amir Benomar

Editore

Bruno Editore

Sito internet

http://www.brunoeditore.it

Sommario

Introduzione

Come tutti sappiamo oggi la crisi economica mondiale è uno tra gli argomenti più discussi, sia nel bar sotto casa che dai mass media. Il problema della crisi c'è, ed è diventato più tangibile quando molte banche americane, si sono ritrovate con mutui non saldati e questo problema del settore immobiliare si è fatto sentire prima sui bilanci bancari, poi in un secondo momento si è ripercosso su aziende e multinazionali, causando danni economici e innescando un effetto domino, che ha fatto espandere la crisi a macchia d'olio in tutto il globo.

Come ben sai anche in Italia le banche fanno fatica oggi a concedere prestiti a causa del problema dei mutui che non vengono saldati con un conseguente aumento vertiginoso del numero dei pignoramenti e del tasso di disoccupazione che causa a sua volta un aumento dell'offerta e un calo della richiesta che equivale a un deprezzamento degli immobili. Noi ci occuperemo principalmente delle case pignorate anche se, a prima vista, sembra irrazionale o antieconomico compravendere case con debiti, case che sono o che stanno per finire all'asta giudiziaria perché se è vero che sono un gran bell'affare è altrettanto vero che è rarissimo riuscire ad aggiudicarsele tramite una compravendita classica tra privati.

Diciamo che investire in questo settore ti porta ad aggiudicarti una casa, anche con il 50% di sconto, mentre combinando stralcio e cessione del compromesso si può comprare e vendere una casa anche con una cifra irrisoria se non addirittura nulla, però c'è un unico punto che devo specificare prima di arrivare al sodo: tu puoi comprare e vendere immobili guadagnandoci forti percentuali però sappi che è una cosa che richiede costanza, pazienza e flessibilità nei confronti di tutte le parti che compongono l'affare.

Quindi, la questione prima che di soldi, è in primis d'impegno e pazienza e di rapporti umani e comprensione nei confronti degli esecutati che non sono di certo in una situazione invidiabile. L'aspetto dei rapporti umani in questo mestiere è talmente importante che ho deciso di trattarlo più a fondo, così potrai evitare gli errori più grossolani.

Vedrai che se ti comporterai onestamente nei confronti di tutte le parti, dopo che concluderai qualche affare, grazie al passaparola saranno gli affari a cercarti, ma fino a quel momento è solo il tuo impegno quello che fa la differenza, quindi ti consiglio di fare un patto con te stesso e di proseguire con fiducia e costanza questo cammino e vedrai che il risultato ripagherà tutti i tuoi sforzi. Seguimi per capire meglio i meccanismi base di questo business.

CAPITOLO 1:
Quali sono le tipologie di compravendite

Prima entrare nei dettagli ti faccio notare che il tuo primissimo obbiettivo è comprare bene. Anzi questa è una regola che si applica in qualsiasi business di compravendita non solo in quello immobiliare, quindi comprare bene è la regola numero uno di qualsiasi mercato sulla faccia della terra.

Non importa tanto il cosa stai comprando ma importa di più se stai pagando tanto o poco rispetto al valore di mercato, ed è proprio per questo che ad esempio la Cina negli ultimi 20 anni ha messo in ginocchio buona parte della concorrenza proprio perché il prezzo è irresistibile rispetto a ciò che offrono i concorrenti nonostante i prodotti cinesi siano qualitativamente inferiori, ma visto che il prezzo è invitante il business va avanti lo stesso. Ovviamente se vuoi ottenere dei benefici devi essere selettivo e comprare con un buon margine di sconto rispetto a quello che è il valore di mercato.

Il business immobiliare non richiede molta fantasia, se compri bene hai già fatto un buon 85% del lavoro. Per comprare bene un requisito necessario è saper stimare il valore di un immobile, quindi ti consiglierei di farti qualche lettura in campo di estimo.

Stimare un'immobile è un requisito indispensabile che ti porta a fare delle valutazioni oggettive, così da poter distinguere un immobile interessante da uno che difficilmente rivenderai e con scarsi margini di guadagno, anche se l'opinione di chi ci sta attorno, come l'agente immobiliare, suggerirebbe il contrario.

SEGRETO n. 1: stimare gli immobili è un requisito di fondamentale importanza senza il quale non si può valutare oggettivamente quanto sia il possibile margine di guadagno su un determinato immobile.

Ora ti faccio notare un piccolo concetto banale, ma che in realtà viene trascurato ed è uno dei dettagli che fanno la differenza tra la psiche di un vero immobiliarista e uno che si cimenta senza conoscenze. Prova a rispondere a questa domanda: che differenza c'è tra prezzo e valore di un certo immobile? Concediti qualche minuto per rifletterci e quando credi di averci riflettuto abbastanza continua a leggere.

La differenza è che mentre il valore di un'immobile o di qualsiasi bene è la cifra ipotetica che i potenziali acquirenti sarebbero disposti a pagare in un certo momento storico del mercato (ricordiamoci che i prezzi variano nel tempo), il prezzo invece è unico, ovvero: il prezzo non equivale al valore ma può benissimo superarlo o anche essere molto inferiore, quindi il prezzo è una cifra concordata fra le due parti coinvolte nella compravendita, ed è totalmente indipendente dal valore di mercato.

SEGRETO n. 2: il valore di mercato di un'immobile e il prezzo sono concetti che, seppur in qualche maniera legati tra loro, rimangono sempre indipendenti l'uno dall'altro.

Dunque, mentre la maggior parte della gente (anche professionisti) crede che il valore è sinonimo di prezzo, tu invece no! Questo è un vantaggio enorme, perché semplicemente non hai pregiudizi e soprattutto ogni volta che ti ritroverai in una trattativa, la tua mente sarà ben conscia che non c'è nessuna relazione tra prezzo e valore, quindi in automatico la tua mente ti suggerirà che puoi pagare di meno rispetto a quello che è il valore dell'immobile cui sei interessato.

Se vogliamo dirla tutta, è un modo razionale di creare una convinzione potenziante sul fatto che tu possa trovare un affare se t'impegni a fondo. É importantissimo che faccia tuo questo concetto, perciò prenditi del tempo e rileggi queste pagine se è necessario. Una volta che il concetto è tuo, avrai fatto un passo da gigante.

Facciamo una comparazione per capire quali sono i pregi e i difetti di ogni metodo di compravendita immobiliare. Così in base alle proprie capacità di negoziazione e quelle economiche, potrai scegliere la modalità che ti è più congeniale.

Dunque nel campo della compravendita immobiliare esistono principalmente 5 modi per effettuare compravendite immobiliari:

- la compravendita classica;
- l'acquisto tramite aste;
- lo stralcio;

- la cessione del compromesso;
- lo stralcio combinato con la cessione del compromesso.

La compravendita classica

Come avevo accennato prima, la compravendita tra due parti nel settore immobiliare, può avvenire in svariati modi, perché è proprio il metodo della compravendita che fa la differenza su quanto si può guadagnare, in quanto il metodo influisce sul prezzo dell'immobile. Ti basti pensare che se vai in una qualunque agenzia, scegli un immobile qualunque e lo fai valutare da esperti, in estimo troverai una plusvalenza del prezzo dell'agenzia. Mentre se compri all'asta o ti aggiudichi un appartamento prima che vada all'asta, è molto più probabile che tu riesca a prenderti lo stesso immobile a un prezzo inferiore. Comunque sia la compravendita normale è alla base di tutto, quindi è meglio avere ben chiaro come avviene, per poi poter passare allo stralcio e alla cessione di compromesso che sono delle varianti della modalità della compravendita normale.

Possiamo così suddividere tutto il meccanismo che porta all'incontro tra domanda e offerta nella compravendita classica, in quattro fasi:

- il contatto con la controparte;
- la trattativa;
- stipula del preliminare di vendita;
- rogito.

Il contatto con la controparte

Questa è la prima fase in cui, sia che tu stia vendendo o che stia cercando di comprare un'immobile, entri in contatto con la persona interessata a quello che stai offrendo. Di norma questi incontri avvengono spesso tramite annunci o agenzie del settore. In questa parte viene incluso anche il primo sopralluogo.

La trattativa

In questa fase, invece, gli interessati cercano di negoziare, per cercare di ottenere il meglio per se stessi. In realtà la maggior parte delle persone non sa negoziare e credono che in una trattativa se uno guadagna l'altro ci rimette, e ti posso garantire che uno è dei pensieri più controproducenti.

Il mio consiglio è quello di cercare di capire quali siano le problematiche che ha la persona con cui stai trattando e di esporre le tue, cercando di elaborare una soluzione dove tutti sono soddisfatti. Vale a dire che dovete stabilire un accordo win-win.

Preliminare di vendita

In questa fase quanto concordato viene trascritto su carta con le relative clausole, così le controparti non sono più potenziali acquirenti/venditori, ma bensì diventano promittente acquirente/venditore (a seconda della tipologia di preliminare che vedremo nei capitoli successivi). In questa fase chi compra lascia una caparra e deve specificare nel preliminare la cifra concordata. Nella stipula del preliminare ti consiglierei caldamente di farti assistere da un professionista specializzato in materia.

Il rogito

Questa è la fase finale della compravendita standard dove chi compra paga e gli viene intestato il bene in questione, mentre chi vende riceve la cifra in denaro pattuita e in cambio cede il bene. Il tutto avviene da un notaio, con tutte le relative cautele e anche qui ti consiglio caldamente di farti assistere da un avvocato competente in materia, oltre che proporre di stipulare tutta la documentazione dal tuo notaio di fiducia. Quindi, come puoi vedere il percorso della compravendita standard è piuttosto lineare. Infatti, una volta che entrambe le parti trovano un accordo, il resto del percorso che porta alla conclusione dell'affare è già tracciato.

L'acquisto tramite aste giudiziarie

Questa è una modalità che permette solo l'acquisto di immobili ma non la vendita, perché appunto è un'asta giudiziaria quindi implica che gli immobili in vendita provengano da fallimenti, pignoramenti e via dicendo. L'acquisto tramite aste è in genere più vantaggioso a livello economico, anche se la scelta è più limitata e non sempre si trova ciò che si cerca, ma nonostante ciò le aste rimangono un'eccezionale opportunità. Comprare all'asta è una procedura che possiamo suddividere nelle seguenti fasi:

- scelta dell'immobile;
- controllo della documentazione dell'immobile;
- sopralluogo;
- compilazione e consegna della modulistica;
- partecipazione all'udienza;
- trasferimento della proprietà.

Scelta dell'immobile

Questo è un punto fondamentale, anche se sarebbe più giusto dire *scelta degli immobili* perché, mediamente, da circa 150 immobili in esposizione sul sito del tribunale solo 12/15 saranno quelli appetibili, che hanno una buona location e che sono più facili da vendere rispetto a quelli scartati. Parteciperai a più aste e alla fine di tutto il processo ne prenderai solo uno.

Quindi, capisci che anche qui vale la regola dei grandi numeri. La scelta degli immobili va fatta con criterio, rispettando il tuo budget e il tempo che vuoi che duri l'investimento. Va comunque detto che soldi e tempo si influenzano a vicenda in questo business, ma questi sono punti che capirai meglio quando approfondiremo gli stralci e la cessione di compromesso.

Controllo della documentazione

Una volta scelti gli immobili interessanti si passa al controllo della documentazione, ovvero della perizia e della planimetria e dell'eventuale documentazione aggiuntiva che ci possa essere d'aiuto, come ad esempio le foto. La perizia indica e descrive lo stato dell'immobile, dove vengono riportati lo stato occupazionale dell'appartamento, l'ipotetico valore di mercato e ulteriori dettagli. Quindi, la perizia chiarisce il quadro ed è un documento importantissimo. Infatti, è talmente importante che ti consiglierei di leggerla insieme a un avvocato, perché spesso succede che l'appartamento faccia gola a molta gente ma potrebbero esserci delle strutture da sanare o delle difformità che potrebbero costarti molto in termini economici e comporterebbero il totale dispendio del tuo eventuale profitto.

Quindi, almeno per le prime volte non muoverti da solo, leggilo e rileggilo e vedrai che con il tempo e la costanza imparerai e potrai muoverti in questo campo senza problemi.

Sopralluogo

Una volta che hai controllato la documentazione, sarebbe consigliabile effettuare un sopralluogo, magari in compagnia del tuo tecnico o geometra di fiducia. Per visitare l'appartamento esiste la figura del custode che ha anche il compito di organizzare le visite per chiunque fosse interessato all'acquisto. In genere se l'immobile è appetibile, capita che il custode organizzi dei gruppi di interessati cui far visionare la casa al fine di risparmiare tempo.

Compilazione e consegna della modulistica

Una volta che viene scelto l'immobile più interessante, si procede con la compilazione dei relativi moduli (con i relativi bolli da 14,62 euro). Comunque sia, l'offerta d'acquisto è irrevocabile. Inoltre il tutto va accompagnato da un assegno circolare a titolo di cauzione che viene calcolato in base al prezzo base d'asta. In genere viene richiesta una cauzione del 20% (solamente una volta vidi una richiesta del 30%), inoltre qualsiasi offerta inferiore al prezzo base d'asta è nulla.

Partecipazione all'udienza

Questa è la parte più bella dell'asta! Prima di tutto specifichiamo un po' di dettagli. Le udienze possono essere di due tipologie che sono:

- udienza senza incanto;
- udienza con incanto.

Udienza senza incanto

Nell'udienza senza incanto, il giudice apre le buste dove in precedenza i vari interessati hanno compilato il modulo di partecipazione e inserito l'assegno e valuta se le offerte sono da reputarsi idonee per coprire i debiti. Qui il giudice può anche fermarsi e concludere il tutto. Ma la mia esperienza mi ha dimostrato che non è così e che è ormai una consuetudine (almeno nel tribunale in cui opero) che si facciano entrambe le udienze iniziando con quella senza incanto, seguita subito dopo da quella con incanto e quindi è bene sapere come funziona quest'ultima. Il tempo di esecuzione di tutto il processo delle due udienze in genere non supera i venti minuti.

Udienza con incanto

Questa è l'asta che tutti quanti conoscono: chi di noi non ha mai visto, nei film ad esempio, persone che si contendono opere d'arte a suon di quattrini in un'asta alzando il prezzo ad ogni rilancio? Bene l'udienza con incanto è un'udienza dove gli interessati fanno la loro offerta verbalmente e il giudice tiene il tempo dall'ultima offerta ricevuta (dalle mie parti si usa un timer digitale a pulsante, ma controlla la prassi del tuo tribunale). Alla fine il migliore offerente si aggiudica l'immobile.

Trasferimento della Proprietà

Una volta aggiudicato l'immobile, si hanno 60 giorni per

effettuare il pagamento della somma rimanente (ti ricordo che per partecipare lasci un assegno nella busta che contiene la domanda di partecipazione alla gara), per diventare a tutti gli effetti il legittimo proprietario del bene e ottenere così anche la proprietà.

Lo stralcio

Lo stralcio è una pratica più complessa, rispetto alle due categorie che abbiamo visto in precedenza. In pratica consiste nel trovare una casa di cui il proprietario non riesce a pagare il mutuo o ha in qualche modo un pignoramento e poi entrarci in contatto per poter comprare la casa. Ora presumo che tu ti chieda quale vantaggio ti possa portare l'acquistare una casa con debiti gravanti.

Facciamo un esempio per rendere il meccanismo più comprensibile: tizio acquista la casa per 200.000 euro tramite un mutuo di cui 120.000 sono già stati restituiti alla banca che vanta un credito nei confronti di tizio; così rimangono gli altri 80.000 euro da restituire.

Iniziano così i solleciti della banca fino ad arrivare all'esposizione dell'appartamento all'asta. Ora arriviamo noi proponendoci di sistemare la situazione trovando un accordo con la banca. Una volta che abbiamo il conteggio dei debiti in mano aggiornato dalla banca scopriamo che invece di 80.000 euro i debiti sono diventati 85.000 (la situazione non cambia molto). Ora facendo una stima dell'immobile scopriamo che attualmente l'immobile vale circa 180.000 (ricordati che i prezzi cambiano nel tempo).

A questo punto ci si può offrire di comprare la casa, dicendo magari di offrire all'esecutato 110.000 euro, così lui paga la banca e gli avanzano anche dei soldi, e noi abbiamo comprato un'immobile con un buono sconto di circa il 39% rispetto al valore di mercato nel momento in cui si effettua lo stralcio. Questo è un esempio di accordo win-win, dove tutti ottengono ciò che li soddisfa. In questo paragrafo ho voluto solo spiegare a grandi linee il meccanismo di base, i dettagli li tratteremo più avanti.

SEGRETO n. 3: lo stralcio immobiliare è un metodo che ti permette di comprare immobili con forti percentuali di sconto in un lasso di tempo contenuto.

Cessione del compromesso

Questo è un sistema di business immobiliare che non necessita di immobili pignorati, altrimenti non è più una semplice cessione di compromesso, ma sarebbe uno short trading, vale a dire combinare lo stralcio con la cessione del compromesso. Ma andiamo con ordine e spieghiamo cos'è e quali sono le condizioni per poter usare questa tipologia di compravendita.

Partiamo con il dire che non ti basta fare un giro delle agenzie; qui a differenza delle aste dove gli immobili sono già scontati, dovrai visionare almeno un centinaio di case per trovare una che possa avere un prezzo accettabile. Quindi è una cosa che richiede un certo sforzo. Il pregio però è che non richiede soldi, o perlomeno anche con pochissime migliaia di euro puoi benissimo concludere una cessione. Ora la cessione di compromesso consiste nel fatto che tu stipuli un preliminare quindi diventi a questo punto il promittente acquirente, lasciando così una piccola caparra.

Nel frattempo devi trovare una terza persona (che comprerà effettivamente) cui cederai il compromesso all'atto del rogito.

Così facendo, guadagnerai la differenza di prezzo tra quello pattuito con il vecchio proprietario e quello di chi comprerà al posto tuo.

SEGRETO n. 4: la cessione di compromesso ti permette di effettuare una compravendita immobiliare senza possedere capitali, massimizzando così la tua percentuale di guadagno e limitando anche il rischio dell'investimento.

Lo stralcio combinato con la cessione di compromesso, tecnica meglio nota con il nome di *short trading*, è in assoluto la più redditizia. Ha lo svantaggio di presentare tutte le complicazioni delle altre forme di compravendita che abbiamo visto in precedenza in un unico colpo, quindi richiede competenze sopra la media, però è un business immobiliare fattibile a zero euro.

Partiamo con il dire che essendo uno stralcio abbiamo bisogno di una casa pignorata, il che come abbiamo visto, significa avere una casa in sconto, condizione strettamente necessaria per effettuare una cessione di compromesso. Il vero problema è il fattore tempo. Ti spiego meglio: tra l'esposizione dell'immobile sul sito del tribunale e l'udienza, al massimo passeranno quattro mesi, questo significa che oltre a effettuare uno stralcio e stipulare un preliminare, devi contemporaneamente cercare una persona che compri al posto tuo, così il tuo guadagno è sempre la differenza fra i prezzi che hai pattuito con i creditori e con il nuovo acquirente, però la tua percentuale di guadagno è decisamente maggiore rispetto a una semplice cessione per via dello stralcio che ti permette di acquisire immobili con oltre il 50% di sconto.

Quindi, lo short trading si chiama così proprio in virtù del fatto che il tempo a disposizione è scarso. È la forma più difficile ma anche più redditizia e veloce di speculazione immobiliare senza soldi.

SEGRETO n. 5: lo short trading è la forma più difficile ma anche la più redditizia e veloce forma di speculazione immobiliare a costo zero.

RIEPILOGO DEL CAPITOLO 1:

- SEGRETO n. 1: Stimare gli immobili è un requisito di fondamentale importanza senza il quale non si può valutare oggettivamente quanto sia il possibile margine di guadagno su un determinato immobile.
- SEGRETO n. 2: Il valore di mercato di un'immobile e il prezzo sono concetti che, seppur in qualche maniera legati tra loro, rimangono sempre indipendenti l'uno dall'altro.
- SEGRETO n. 3: Lo stralcio immobiliare è un metodo che ti permette di comprare immobili con forti percentuali di sconto in un lasso di tempo contenuto.
- SEGRETO n. 4: La cessione di compromesso ti permette di effettuare una compravendita immobiliare senza possedere capitali, massimizzando così la tua percentuale di guadagno e limitando anche il rischio dell'investimento.
- SEGRETO n. 5: Lo short trading è la forma più difficile ma anche la più redditizia e veloce forma di speculazione immobiliare a costo zero.

CAPITOLO 2:
Come effettuare gli stralci immobiliari

Ora che abbiamo visto le varie modalità per poter acquistare un'immobile, possiamo approfondire il discorso dello stralcio immobiliare.

Ho preferito dividerti questo capitolo in più fasi, giusto per avere i meccanismi di base, anche se gli stralci s'imparano facendoli, in quanto ogni stralcio è un caso a sé stante. Altra cosa fondamentale è quella di avere professionisti che ti sostengano. Inoltre, sarebbe meglio che i tuoi professionisti si conoscano fra di loro per poter collaborare e creare sinergia, quindi ti spetta anche il compito di creare un team che ti affianchi in questo mondo.

Gli stralci sono una forma di acquisto immobiliare. Riguardano però, solamente quella minoranza di immobili sui quali grava almeno un debito.

SEGRETO n. 6: gli stralci sono una modalità di acquisto di immobili sui quali gravano debiti che permettono di ottenere forti sconti e aumentano le percentuali di guadagno su base annua.

Infatti, il nostro compito è quello di rimediare alla situazione economica dell'esecutato. Voglio aprire una piccola parentesi, sul lato etico di questo business.

Spesso quando ci si offre di effettuare uno stralcio non sapendo che cosa sia, si viene visti come degli speculatori sulle disgrazie altrui senza pietà. Ma facciamo chiarezza e cerchiamo di capire se lo stralcio (che è una pratica legale e riconosciuta dalla legge) è davvero così immorale. Io direi che è semplicemente una manna dal cielo sia per i creditori che per l'esecutato, e adesso vediamo lo scenario in cui una persona interviene e quello in cui la casa va all'asta per capire oggettivamente se è una pratica disonesta o meno. È importante che tu capisca questo punto in modo da poterlo trasmettere a chi è in difficoltà: tu lo puoi aiutare e al contempo lui può aiutare te a concludere un buon affare, quindi se gli spieghi gli scenari che gli si possono presentare è più probabile che tu riesca a convincere l'esecutato a collaborare.

Ammettiamo di aver trovato un bell'appartamento al quale siamo interessati tramite gli annunci esposti sul sito del tribunale. Potremmo non fare nulla, starcene fermi e lasciare che la casa vada all'asta e che venga venduta. Il percorso è semplice ma in realtà tutte le parti perdono su tutti i fronti.

Se la casa viene venduta tramite un'asta, la banca non riavrà il denaro subito, anzi. Dalla conclusione della vendita alla ripartizione del ricavato dell'asta passano circa due anni (i tempi della burocrazia italiana non sono da record), e inoltre l'esecutato avrà ardue difficoltà a ottenere un mutuo in futuro per l'acquisto di una casa perché finirà nella black list, ovvero la lista dei cattivi pagatori.

Può verificarsi ora anche un caso peggiore di quello sopracitato: può succedere infatti che il ricavato dell'asta non basti per fare fronte ai debiti e quindi oltre al fatto che la banca non otterrà i suoi soldi subito (dunque la sua capacità di concedere prestiti diminuisce), l'esecutato, oltre ad aver perso la casa (e quindi costretto a trovarsi una nuova sistemazione) ed essere finito nella black list, può benissimo ritrovarsi in causa per il fatto che i creditori non hanno riavuto indietro i propri soldi. Quindi, tecnicamente l'esecutato, oltre ad essere emotivamente distrutto, pieno di debiti e senza casa, può finire coinvolto in una causa. Non mi pare sia una bella condizione, il tutto senza aver calcolato i rapporti umani con i propri cari che tendono a rompersi in maniera quasi irreversibile. Ti dico questo perché ci sono passato di persona e ho provato tutto sulla mia pelle e ti garantisco che non è una cosa facile.

Ora invece proviamo a immaginarci lo scenario in cui una persona interviene e compra la casa prima dell'asta.

Ammettiamo ora che la casa sia appetibile e che il nostro esecutato in questione abbia comprato una casa per un valore di 180.000 euro anni or sono, e supponiamo che ne abbia pagati 70.000 e quindi mancano 110.000 oltre i relativi interessi. Ora dopo averla valutata scopriamo che, in questo momento del mercato, la casa in questione vale 160.000 euro. Per cui, potenzialmente, se comprassimo la casa così abbiamo già un guadagno potenziale di circa 50.000: davvero niente male! Ma noi siamo più bravi e possiamo negoziare con la banca e alla fine dopo offerte e controfferte, stabiliamo un accordo con la banca per 100.000. Come abbiamo detto dobbiamo stabilire un accordo win-win per tutte le parti. Questo significa che io la casa non la pago 100.000 ma la pago all'esecutato (sia per motivarlo a vendere che per aiutarlo) 105.000 così una volta restituiti i soldi alla banca con cui ho trattato gli avanzeranno 5000 euro con i quali può ricominciare o per lo meno sistemarsi in una casa per i primi mesi senza finire nella black list. Questo significa che in futuro se ne avesse voglia, potrà richiedere un mutuo e comprarsi un'altra casa.

Direi che c'è una bella differenza tra i due scenari!

Quindi alla fine dei conti, con lo stralcio la banca ottiene la somma che voleva, noi ci prendiamo una casa che vale 160.000 euro pagandola 105.000 euro, realizzando un potenziale guadagno immediato di circa 55.000 euro e l'ex proprietario oltre a evitare guai che possono durare anni e anni esce pulito con tanto di 5.000 euro in tasca propria. Questo si che è un accordo win- win!

SEGRETO n. 7: lo stralcio è una pratica vantaggiosa per tutte le parti coinvolte, a differenza dell'asta. Cerca di delineare all'esecutato cosa può ricavare da una situazione come la sua spiegandogli gli scenari possibili che gli si presentano di fronte.

Ora che ti ho dimostrato che lo stralcio è una pratica onesta, direi che sarebbe crudele non poter fare qualcosa per qualcuno pur sapendo che ci guadagnano tutti.

Vediamo adesso come trovare gli immobili che ci possono interessare.

La nostra primissima fonte sono le aste giudiziarie. Questa è la fonte cui è più facile accedere. Infatti, all'inizio dovrai solo cercare nei siti delle aste poiché le banche (e altri enti interessati) non ti conoscono ancora, quindi difficilmente ti concederebbero notizie su immobili che stanno per essere pignorati, anche se morirebbero dalla voglia di farlo pur di recuperare i loro soldi. Ma una volta che ti conosceranno, saranno loro a proporti immobili in via di esecuzione.

Puoi controllare bene il tribunale più vicino a te e vedere se hanno qualcosa che faccia al caso tuo. Per i primi tempi limitati a guardare nella città in cui vivi, perché è scomodo dover fare uno stralcio con un'immobile lontano da casa. Poi se vorrai farla diventare un'attività professionale, può andare bene, ma ribadisco: all'inizio limitati alla tua zona.

Eccoti alcune fonti dalle quali si possono scovare ottime opportunità:

- www.asteimmobili.it;
- www.astegiudiziarie.it;
- www.portaleaste.com;
- www.asteitalia.com;
- www.aste.com;
- www.astepoint.it.

Ti consiglio caldamente di tenere sott'occhio questi siti: diciamo che una controllata ogni 3 giorni è l'ideale. Nello stralcio il tempismo conta e prima vieni a sapere di un'immobile che sta per essere venduto all'asta meglio è.

A questo punto una volta che hai selezionato le case nella tua città, passerai a quelle che sono più interessanti a livello di locazione. Nei siti delle aste, per ogni appartamento vengono allegati 3 file che spesso sono in formato pdf. Questi file sono :

- la perizia;
- la planimetria;
- le fotografie.

Ognuno di questi documenti è importante, ma a volte può accadere (anche se è rarissimo) che manchino le fotografie, ma ciò che ci interessa di più sono la perizia e la planimetria.

Il passo successivo è quello di passare a una seconda selezione in base ai dati della perizia perché spesso sono inesatti. La perizia ti può comunque dare un'idea di partenza, che non è mai uguale a quella finale e ora ti spiego anche il perché.

Come avevamo detto la perizia è un documento importantissimo ai nostri fini, però c'è un problema: per via dei tempi non da record della burocrazia italiana, succede che dal momento in cui viene scritta la perizia al momento della pubblicazione sul sito del tribunale passano tra gli 8 e i 12 mesi (senza considerare che l'asta avverrà fra almeno altri 3 mesi), quindi nell'arco di quell'anno può essere successo di tutto. Metti già in conto che i debiti saranno aumentati, vuoi perché la banca applica una sanzione per ogni giorno di ritardo del pagamento, vuoi che l'esecutato non ha pagato le spese condominiali dell'ultimo anno e quindi non le trovi citate, ma può anche succedere che l'immobile abbia avuto qualche danno nell'ultimo periodo o che presenti difformità non presenti su tale documento.

Come puoi vedere la situazione può evolversi in mille modi e elencarteli tutti è impossibile quindi, non puoi valutare un affare soltanto leggendo la perizia, ma comunque un'idea approssimativa dei soldi dovuti ai creditori te la puoi pur sempre fare.

SEGRETO n. 8: la perizia è un documento importantissimo che va letto in maniera scrupolosa e può fornirti una cifra approssimativa dei debiti gravanti sull'immobile in questione utili al fine di fare una prima valutazione dell'affare.

Il mio consiglio è quello di leggere la perizia insieme a un professionista, e di effettuare un primissimo sopralluogo, giusto per capire meglio l'ambiente in cui è inserito l'appartamento in questione, perché può capitare che l'appartamento sia bello ma la zona in cui è sito non è tra le più raccomandabili.

Una volta fatto questo si passa a una valutazione più oggettiva della zona in cui è sito l'immobile. Questo passaggio è utile quanto la valutazione dell'immobile che faremo in un secondo momento. Ma già valutare la zona dell'immobile è un buon punto di partenza per sapere se il gioco vale la candela.

Il passo successivo è quello di entrare in contatto con il custode. Non dovresti avere problemi nel trovarlo perché viene pubblicato il suo recapito telefonico insieme alla perizia e a tutto il resto della documentazione sul sito del tribunale.

La chiamata ha l'unico scopo di chiedere al custode di farti visionare la casa di persona insieme al tuo tecnico di fiducia, per controllare se ci sono differenze che magari non sono segnate sulla perizia, come ad esempio una parete che può presentare segni di umidità che non erano stati segnati, cosa di cui dovrai tenere conto, perché di certo una parete con della muffa non rende graziosa la casa.

La visita ha anche lo scopo di farti capire quali sono i costi di manutenzione e abbellimenti estetici che vuoi o devi apportare, così da poter cominciare a fare i calcoli sulle spese e sui guadagni.

Su certi immobili che attirano molto l'interesse il custode organizza delle visite di gruppo per poter risparmiare tempo (pensa che fatica dover accompagnare ognuno per conto suo!). In genere il custode ne fa una ogni settimana, ma mi è capitato qualcuno che facesse una visita di gruppo ogni 2 settimane. Onestamente nello stralcio il tempo è prezioso e sprecare 2 settimane solo per vedere la casa può compromettere la riuscita dell'affare. In questo caso ti consiglio di agire in autonomia, ovvero leggerti l'indirizzo sulla perizia e andare di persona, suonare il campanello di casa e conoscere il proprietario con molta educazione e discrezione.

L'importante in questa parte è che tu non perda tempo. Perché ti ricordo che tra la pubblicazione dell'annuncio sulla bacheca del tribunale, passano mediamente 3 mesi. Questo significa che non hai molto tempo, calcolando il fatto che per legge la casa non potrebbe essere venduta fino a 20 giorni prima dell'asta, ovvero che il rogito teoricamente non può avvenire negli ultimi 20 giorni precedenti all'asta, quindi avresti un tempo utile di circa 2 mesi e 10 giorni, in cui devi farti rilasciare il conteggio, effettuare i vari controlli, trattare, e stipulare il compromesso e infine fissare l'udienza! Quindi come puoi vedere il tempo è più prezioso dei soldi in questo business.

Ho detto teoricamente, perché il mondo degli stralci come ben constaterai appena finirai questo corso e inizierai a praticare, che è un mondo all'80% teorico, nella realtà invece mi è capitato di poter vedere un rogito tre giorni prima dell'asta, e questo accade per il semplice fatto che il giudice spesso conosce il problema di tutte le parti in gioco, quindi è meglio fare il rogito e risolvere la questione invece di far finire la casa all'asta con tutte le incertezze che essa regala.

Va detto che è importante conoscere un po' i giudici che lavorano nel tribunale in cui vuoi operare, perché anche se ti sembra strano ognuno ha un modo soggettivo di interpretare la legge e quindi ovviamente se sai che un giudice è uno rigido ne terrai conto, mentre se sai che è una persona che comprende il problema e non è così fiscale con le tempistiche, la cosa cambia totalmente a favore tuo concedendoti più tempo.

SEGRETO n. 9: conoscere come interpretano la legge i giudici del tuo tribunale e che tipo di persone sono, ti aiuta a fare delle attente valutazioni riguardo alle tempistiche, che sono fondamentali nello stralcio immobiliare.

Ora comincia la parte più ostica e tecnica che è quella del come rapportarsi con l'esecutato e la richiesta del conteggio al fine di concludere l'affare.

Il punto è questo: se l'esecutato vede che ha qualcosa da guadagnare ci sono buone probabilità che si riesca a concludere l'affare. Però chi è nelle sue condizioni fatica a prendere decisioni in maniera lucida, o perfino a elaborare una soluzione perché che ti piaccia o no, lui penserà solo ai fatti suoi e a come uscire da questa situazione imbarazzante, sarai tu a dover tenere presente che devi stabilire un accordo win-win. Inoltre è quasi certo che l'esecutato non è competente in materia, quindi, non possedendo le competenze, non conosce tutte le possibili mosse consentite e pertanto non può inventarsi soluzioni (altrimenti l'avrebbe fatto prima che casa sua andasse all'asta). Per questo è importante che ti dimostri molto paziente e comprensivo.

Personalmente mi è capitato addirittura che qualcuno mentisse riguardo ai suoi debiti che poi al momento del conteggio (che più avanti vedremo) ho scoperto essere di molto maggiori. Quindi massima flessibilità e non farti prendere dalla rabbia: nel caso in cui ti sentissi infastidito, ricordati che il tuo obiettivo è quello di concludere un'operazione immobiliare.

Ogni tanto in certe situazioni avere ben chiaro il proprio obiettivo finale può fare la differenza. Ora siamo arrivati a uno dei punti delicati della situazione: mi riferisco al come entrare in empatia con l'esecutato. Questo è un punto cruciale e può benissimo compromettere la riuscita di un affare. Sostanzialmente l'esecutato deve capire che hai capito la situazione in cui si trova e non mi riferisco solo a livello economico ma anche a livello emotivo: questo significa entrare in empatia. Prima di spiegare come fare a entrare in empatia vediamo esattamente cosa significa quella casa per l'esecutato. Mediamente un dipendente guadagna 1200 Euro/mese, di cui 600 vengono spesi per la rata del mutuo, cioè vale a dire che metà del suo lavoro di tutti i santi giorni viene dedicato alla casa, per non parlare della fatica che ha fatto per trovare casa e poi il mutuo. Qui stiamo parlando dello sforzo di un'intera vita e di una persona che lo vede andare in fumo. Per esperienza personale posso garantirti che l'esecutato è in genere una persona volubile, fragile emotivamente e dulcis in fundo... estremamente diffidente! Il motivo per cui l'esecutato non ne vuole sapere di ciò che gli stai offrendo ancor prima di averti ascoltato è uno: **non ha fiducia in te!**

D'altronde lo si può capire: non è una persona nelle condizioni di prendere decisioni con lucidità, tuttavia possiamo cercare di bypassare qualche tappa per creare fiducia con qualche semplice accorgimento. Per bruciare le tappe il discorso può essere sintetizzato nel seguente concetto: **devi prima di tutto apparire professionale!**

Per quanto possa sembrarti strano, nel campo degli immobili l'immagine conta più di quanto credi (lo stesso dicasi per tutto il resto del mondo del business), per il semplice fatto che come dicono gli americani: «Si ha una sola volta per fare una buona prima impressione». Quindi, in definitiva devi vestirti bene ma senza esagerare. Inoltre, dato che tu sei un professionista del settore delle aste e degli stralci, come tale devi avere un biglietto da visita personale e mostrati cordiale e paziente.

Sul biglietto da visita ti consiglierei di fartelo stampare con una grafica idonea invece di lasciarlo con lo sfondo bianco: risulterebbe un biglietto da visita che comunica indifferenza totale. Anche il biglietto da visita serve a distinguerti dagli altri agenti e investitori immobiliari agli occhi delle persone con cui fai affari contribuendo a migliorare la tua immagine, ed è proprio per questo motivo che ti consiglio di investire un po' di tempo e denaro per il biglietto da visita.

Ora che hai sistemato la tua immagine, pensiamo al come conquistare la fiducia all'atto pratico. Qui entrano in gioco tecniche di comunicazione di vendita e Programmazione Neuro Linguistica (riguardo le quale ti consiglierei di fare qualche lettura), comunque ti darò alcune indicazioni che valgono per buona parte delle presentazioni che ho effettuato con gli esecutati.

Come prima regola prendi l'abitudine di salutare e presentarti con una stretta di mano, che oltre essere un gesto di cordialità scioglie in parte il distacco iniziale che si prova fra sconosciuti. Pensa un po' a quando conosci qualcuno e questo si presenta con una stretta di mano: è più piacevole di una persona che saluta solo verbalmente, si crea un piccolo senso di fiducia e si rompe quella barriera difensiva che gli esseri umani pongono quando gli si presenta uno sconosciuto.

Ora pensiamo al secondo problema che è quello della comunicazione. Se non lo fai rischi di sembrare ai suoi occhi come uno speculatore senza scrupoli e questo ti porterebbe a perdere la sua fiducia, cosa di cui hai assolutamente bisogno.

Qualsiasi esperto nel campo della vendita ti suggerirebbe di essere sorridente e propositivo, mentre in realtà questo non funziona in questo campo durante il primo incontro con l'esecutato, per il semplice fatto che l'esecutato sta affrontando un periodo buio della sua vita, sta perdendo tutto ciò per cui aveva lottato per un'intera esistenza, quindi se ci vai super sorridente sarebbe come andare con un'aria allegra a un funerale!

Capisci subito che risulterebbe una cosa fuori luogo: la virtù sta nel mezzo cioè né con un umore super triste né tanto meno con un'aria da festa, ma cerca di ricalcare il comportamento dell'esecutato tramite il modellamento che è una tecnica di Programmazione Neuro Linguistica. Questa tecnica consiste semplicemente nel comportarsi in maniera simile all'esecutato emulando il suo linguaggio verbale e corporeo. Ovviamente devi emulare solo in parte perché se si comporta in maniera scortese tu non devi fare lo stesso! Questa è una strategia che paga molto ma in linea di massima si tratta semplicemente del ricalcare il suo stato d'animo e il modo migliore per farlo è calarti nei suoi panni e farti raccontare come sia finito in questa situazione, fatti raccontare la sua storia per capire che persona hai di fronte. Ti posso garantire che quando uno è in una situazione del genere è una manna dal cielo trovare qualcuno ben disposto ad ascoltarlo, capirlo e che cerca di aiutarlo, ma comunque sia per i primi minuti aspettati un comportamento molto diffidente e magari anche poco educato.

Se non riesci a discutere con l'esecutato nel momento della prima visita, fatti lasciare il suo recapito telefonico e invitarlo a un incontro presso lo studio legale del tuo avvocato di fiducia così facendo oltre a chiarirgli il quadro, si sentirà più disposto a collaborare e ti dimostrerai una persona competente.

Durante l'incontro presso il tuo avvocato è necessario che ti faccia lasciare la delega da parte dell'esecutato per poter procedere con il resto dell'operazione. Senza la delega ti avviso che puoi fare ben poco per concludere l'affare a eccezione del caso in cui in un modo o nell'altro riesci a conoscere chi sono i creditori e ad entrarci in contatto.

Nel caso in cui riesci a conoscere chi sono i creditori, potresti entrare in contatto con loro e fargli capire che puoi risolvere la situazione senza arrivare fino all'asta: ti garantisco che mettere le cose in un'ottica del genere ai creditori li fa pensare molto attentamente a ciò che stai proponendo. Quindi se riesci a convincere i creditori in un modo o nell'altro, è molto probabile che saranno loro a dover fare i primi passi al posto tuo, e saranno loro a convincere l'esecutato e a spiegargli il tutto.

Quindi conoscere i creditori è l'altro punto di vista sotto il quale puoi vedere un appartamento che reputi veramente un'occasione. Mettiamo il caso che l'esecutato non ne vuole proprio sapere: allora in questo caso entrare in contatto con i creditori può rivelarsi una mossa vincente per aprire le danze, iniziare la trattativa e via dicendo. In altre parole, oltre a te stesso almeno una parte di quelli che compongono il meccanismo dello stralcio immobiliare (esecutati o creditori) deve essere convinta o interessata dell'affare. Quindi capisci che se hai una delega le cose diventano più facili, perché per quanto possa sembrarti strano, è più facile convincere la banca che convincere chi ha la casa pignorata nonostante sia la parte che ha meno potere contrattuale di tutte perché non dispone di liquidità o altro per poter colmare il debito. L'unico potere che possiede la parte debitrice sulla casa è il diritto di proprietà sulla stessa almeno fino all'asta. Tuttavia essendo una proprietà con pignoramenti e per di più in previsione del fatto che tra pochi mesi non sarà più sua, dire che ha poco potere contrattuale è riduttivo, anche se nella realtà le cose stanno un po' diversamente.

Se invece è una banca a offrirti un'immobile (questo inizia a capitare una volta che ti conoscono) su cui puoi eseguire uno stralcio, le cose cambiano, in quanto il tuo potere contrattuale è maggiore rispetto ai casi sopracitati. Una volta ottenuta la delega da parte dell'esecutato, è giunta l'ora di entrare in contatto con i creditori e farti lasciare il conteggio dei debiti.

Per ottenere il conteggio hai bisogno sempre della figura professionale già citata prima: il tuo avvocato! Eh si fare il percorso con un professionista al tuo fianco è la scelta più saggia che tu possa fare. Il tuo avvocato è colui che si occuperà del conteggio aggiornato. Vuoi farti lasciare il conteggio da solo? Fallo ma a tuo rischio e pericolo, e ora ti spiego il perché (e ti illustro solo una delle possibili ipotesi che può verificarsi).

La parte che vanta un credito nei confronti della parte debitrice esecutata, non è quasi mai composta solo da una persona o un solo ente, ma in realtà sono almeno in due a vantare diversi crediti: questo lo potrai osservare di persona appena ti muoverai sul campo.

All'inizio come avevamo detto, era la banca l'unica che aveva prestato denaro, poi per un motivo o per un altro il proprietario non paga più la banca, e visto che non paga la casa non paga nemmeno le spese condominiali, inizia il solito tram tram di lettere di sollecito e via dicendo. Dopo la pubblicazione della perizia il proprietario magari si fa fare un prestito da un privato oppure magari ha smesso di pagare le rate dell'auto insomma peggiora la sua situazione debitoria in qualche maniera.

Intanto la casa viene esposta nel sito del tribunale e tu ti muovi per conto tuo, fai il conteggio da solo, sembra che tutto vada per il verso giusto, poi alla fine scopri che c'è un altro debito da saldare all'ultimo momento.

In questo caso, potresti continuare e concludere se la cifra non ti stravolge il business, oppure potresti dover trattare con il nuovo creditore in fretta e furia altrimenti tutto salta. Ora, con tutta la fatica che si fa per riuscire a soddisfare tutte le parti e con tutto il tempo speso, sarebbe veramente un vero peccato vanificare tutti gli sforzi. Quindi mi raccomando, ricordati che sono i tuoi professionisti che ti fanno guadagnare soldi, tu devi solo dirgli dove vuoi arrivare e loro ti mostreranno strade che spesso non conosci.

Ti ricordo che bisogna stimare l'immobile riferendoti al momento in cui stai effettuando l'operazione immobiliare, solo così puoi effettuare una trattativa sapendo le cifre esatte che spettano a ognuno e soprattutto potrai dare una buona stima di quelli che sono i tuoi potenziali guadagni.

Prima di fare offerte che poi ti si possono rivoltare contro, vediamo un attimo come ragionano le banche in queste situazioni e cosa gli conviene. Negoziare con le banche lo si può considerare un autentico gioco di strategia esattamente come gli scacchi, e vedere la scacchiera anche dal lato della banca è un vantaggio non indifferente, perché in questo caso riusciresti molto meglio a capire le loro necessità e bisogni che a volte non sono solo economici ma possono avere anche esigenze di tempi, garanzie e via dicendo.

Per chiarirti il meccanismo non voglio spiegartelo facendoti leggere qualche pagina ma voglio che tu ti metta nei loro panni per farti arrivare alla conclusione con delle semplici ma efficaci domande, così rimarrà tutto ben impresso nella mente. Queste sono le domande che una persona che fa stralci immobiliari si pone per una valutazione di un affare. Bene, partiamo:

- D: «Quali sono gli interessi della banca in questo momento?»
- R: «Semplice: riavere il denaro che aveva prestato!»
- D: «Quanti sono questi soldi?»
- R: (cifra ipotetica) «90.000 euro»
- D: «Quanto vale adesso la casa, nello stato attuale?»
- R: «La casa così come la si vede, ha un valore di 180.000 euro»
- D: «Quanto aveva preso in prestito l'esecutato all'epoca?»
- R: «200.000 euro»
- D: «Quanto ha pagato l'esecutato indicativamente?»
- R: «Basta fare 200.000 – 90.000 = 110.000 euro».

In realtà le cifre possono essere diverse perché di mezzo ci sono gli interessi, i tempi e altri fattori che non ti sto a elencare perché è impossibile contarli tutti, ma comunque rimane sempre una stima indicativa per darti un'idea del ragionamento. Adesso invece mettiamoci nei panni della banca e vediamo cosa pensa:

- D: «Se io banca non concludo l'affare con questa persona che mi vuole comprare una casa ripagandomi il denaro che avevo prestato cosa ci guadagno e cosa ci perdo?»

- R: «Lasciando la casa all'asta, ho l'incertezza quasi matematica di non poter riottenere i miei soldi, in più dovrò aspettare la conclusione dell'asta e dopo la conclusione dell'asta dovrò aspettare altro tempo che mediamente si aggira sui 2 anni per riavere il denaro, il tutto condito dall'incertezza perché poi non tutti i soldi che paga l'aggiudicatario finiranno nella mia cassa forte, devo tenere conto anche delle altre spese cui bisogna fare fronte. Inoltre non è detto nemmeno che chi compra all'asta abbia lui stesso i soldi, perciò può benissimo verificarsi il caso in cui l'aggiudicatario non abbia ottenuto un mutuo come sperava, quindi passati i 60 giorni dopo l'asta, l'importo che doveva versare non arriva e di nuovo si ricomincia con l'asta. Quindi oltre a perdere del tempo non ho nemmeno la garanzia di avere i soldi, ovvero ci perdo su tutti i fronti».

- D: «Se io banca accetto di negoziare e vendere prima dell'asta che scenario mi si presenta?»

- R: «Se accetto di avviare una trattativa e di concludere un affare magari anche non incassando tutto il denaro prestato, almeno riavrò in ogni caso buona parte dei soldi e soprattutto subito senza dover aspettare le tempistiche burocratiche. E seppur l'ipotesi è poco probabile potrei guadagnarci qualcosa se riesco a far pagare all'interessato una cifra superiore ai 90.000 euro, ma almeno ho la certezza che avrò buona parte dei soldi e cosa importante è che li avrò **ADESSO**. Inoltre potrò coprire i miei fondi e con quei soldi che ottengo potrei concedere un altro mutuo a un'altra persona che poi con i tassi d'interesse mi frutteranno altri soldi. Non ci sono né spese per avviare le procedure legali, né tantomeno altri impegni che mi toccheranno dopo l'asta. Questo si traduce nel semplice fatto che: con l'asta la perdita di tempo e di risorse umane che devo impiegare è garantita, mentre se vendo posso trattare e farmi fare il prezzo migliore e ottenere i soldi adesso. Quindi in questo caso ci guadagno su tutti i fronti, anche se mi paga di meno mi va bene uguale perché tanto quei soldi li uso per concedere altri mutui, quindi ottengo altri soldi per via dei tassi d'interesse».

Ecco questo è il ragionamento di una banca!

Ora questo piccolo procedimento seppur banalissimo di domande e risposte ti fa capire quanti soldi sono in giro per il tavolo. Possono anche non essere necessariamente i tuoi e ti consiglio caldamente di farti finanziare anche se hai la liquidità per chiudere un affare in totale autonomia, ma questo è un punto che vedremo più avanti dove ti indicherò come trovare gli istituti di credito che finanziano queste operazioni.

La cosa fondamentale è capire cosa può perdere e cosa può guadagnare la banca. Una volta capito questo, avrai molti dati alla mano con i quali muoverti e negoziare e farti fare il prezzo migliore.

SEGRETO n. 10: sapere cosa può guadagnare o cosa può perdere una banca in uno stralcio immobiliare può fare la differenza su quanto tu gli debba pagare e quindi può influire sui tuoi guadagni.

Altro punto fondamentale: per le prime operazioni cerca di non essere troppo avido nella trattativa, ricordati che devi farti anche un nome con le banche. Quindi, non vedere soltanto la trattativa che hai adesso, ma metti in conto che se la banca si trova bene con te, avrai ottime opportunità che siano loro a segnalarti case in via di pignoramento. Così facendo tu ci guadagni soldi costantemente, avrai più scelta di immobili sui quali investire e per giunta le case che ti presenta la banca non sono ancora esposte all'asta giudiziaria, quindi concorrenza pari a zero, anche se già di suo è quasi inesistente.

Durante la trattativa cerca sempre di avere il parere del tuo avvocato, lo paghi apposta, quindi non avere fretta, chiedi e valuta bene ogni situazione. Per concludere uno stralcio come si deve, cioè guadagnandoci, dovresti riuscire a chiudere la trattativa con uno sconto di almeno un 35% per stare sicuri, rispetto al valore di mercato, con l'immobile così come lo vedi. Il motivo è che se vuoi concludere a tua volta la vendita dell'appartamento che stai comprando, dovrai rivenderlo con uno sconto, di almeno il 10% se vuoi uscire subito dal business.

Riprendiamo l'esempio di prima, dove l'esecutato aveva comprato a 200.000 euro. Tu ne ha pagati 110.000 e ne rimangono 90.000 con i relativi interessi. Ora la casa in questo preciso momento di mercato vale 180.000 invece di 200.000 per via della crisi economica, ovvero la casa ha perso un 10% di valore dalla data di acquisto ad oggi. Già ora possiamo tracciare uno schema di massima delle cifre da rispettare. Vale a dire che la casa dobbiamo pagarla al massimo il 65% del suo valore attuale cioè :

180.000 x 0,65 = 117.000 euro che possiamo anche arrotondare a una cifra di 120.000 euro che è la cifra limite che noi siamo disposti a pagare.

Ora invece stabiliamo la cifra alla quale possiamo vendere l'appartamento. È ovvio che la percentuale di sconto è inversamente proporzionale al tempo. Se vuoi uscire dall'investimento in poco tempo allora dovrai restringere il tuo obiettivo in termini di profitti.

Ammettendo che tu venda la casa con un 10% di sconto, questo significa che chi compra pagherà il 90% del valore di mercato ovvero 162.000 euro che puoi arrotondare a 165.000 durante la vendita per poi trattare. Queste premesse sono fatte in base al fatto che tu non faccia nessun restyling all'immobile, mentre se inizi a valorizzare l'immobile facendo interventi e piccole ristrutturazioni allora il valore dell'immobile aumenta e quindi in base al nuovo valore dovrai rivalutare la situazione.

Quindi come puoi vedere l'estimo è un'abilità fondamentale per un vero investitore immobiliare, solo con essa riesci a dire con buona precisione quanto riesci a ricavare da una determinata operazione. Gli immobili sono una semplice questione di numeri e se compri bene hai già fatto quasi tutto il tuo dovere. Vendere a quel punto non è un problema, magari guadagnerai meno di quanto previsto ma alla fine qualcosa guadagnerai.

Arrivati a questo punto, non ti resta che procurarti il denaro per chiudere la partita. Se non lo possiedi, devi utilizzare soldi altrui. Di certo non ti conviene bussare alla porta di ogni banca, ma trovare banche che finanziano acquisti prima dell'asta o anche all'asta.

A tal proposito devi sapere che grazie all'ABI ovvero l'associazione bancaria italiana, oggi è possibile finanziare operazioni del genere. Infatti esistono accordi ben stabiliti fra alcune banche e i tribunali.

Per verificare gli istituti di credito che aderiscono a tale iniziativa ti basta seguire questo link:

http://www3.abi.it/AsteImm/

Ti apparirà una mappa dell'Italia suddivisa nelle varie regioni, come quella sottostante:

Seleziona la regione che ti interessa e cliccandoci sopra visualizzerai l'elenco dei vari tribunali della regione come nell'esempio fatto con la regione Lombardia nello schema qui sotto:

Italia

Lombardia

TRIBUNALE DI MILANO (SEZIONE ESECUZIONI)

- SEDICIBANCA
- CRA DI BINASCO CREDITO COOPERATIVO SCRL
- MELIORBANCA SPA
- MICOS BANCA SPA
- UNICREDIT BANCA PER LA CASA SPA
- BANCA POPOLARE DI PUGLIA E BASILICATA SCRL
- BANCA REGIONALE EUROPEA SPA
- BANCA SAI SPA
- BANCA SELLA SPA
- BANCA UCB SPA
- BANCA 24 7 SPA
- BANCA CARIGE SPA
- BANCA CENTROPADANA CREDITO COOPERATIVO SCRL
- BANCA DI LEGNANO SPA
- BANCA DI PIACENZA SCRL

- BANCA DI ROMA SPA
- BANCA POPOLARE COMMERCIO E INDUSTRIA SPA
- BANCA POPOLARE DELL'EMILIA ROMAGNA SCRL
- BANCA POPOLARE DI BARI SCRL
- BANCA POPOLARE DI BERGAMO SPA
- BANCO DI BRESCIA SAN PAOLO CAB SPA
- BANCO DI SARDEGNA SPA

Va detto che nella realtà le banche sono più propense a prestare soldi per gli acquisti all'asta più che per quelli pre-asta, ma comunque, come puoi vedere sono talmente tante che una disponibile riuscirai a trovarla.

In alternativa se non riesci a farti concedere un prestito, ti consiglierei di ricorrere a un broker di mutui. Magari non conosci questa figura ma ti garantisco che può fare molto per te e, se ti dimostri affidabile, chi ti finanzia non sarà più un problema.

Ma veniamo al dunque: chi è e cosa fa un broker?

Il broker per definizione è un lavoro di mediazione, così come nei mercati finanziari anche nel mercato dei mutui per immobili esistono dei broker. Il lavoro del broker consiste nel trovarti un mutuo prendendosi una commissione che può oscillare dall'uno al tre per cento. Puoi trovare anche chi ti fa pagare meno dell'uno per cento, diciamo che dipende dalla difficoltà che lui stesso riscontra nel trovare una banca che finanzi l'operazione.

Questa figura può aiutarti molto all'inizio, soprattutto se non hai conoscenze a livello bancario: infatti, non sei tu a chiedere il denaro ma una persona con cui le banche hanno a che fare tutti i giorni. Il broker è dalla tua parte perché per lui concludere un affare significa trovare un finanziatore che eroghi soldi sui quali si prenderà una percentuale quindi, come puoi vedere, in un modo o nell'altro il broker ha degli ottimi moventi per trovarti un mutuo perché il suo guadagno dipende dal fatto che tu riesca a concludere a tua volta un affare trovando una banca.

In genere il broker richiede un piccolo anticipo (anche se dipende da che broker ti trovi davanti). In ogni caso, se il broker in questione ha fiutato la possibilità di chiudere l'affare con poca fatica può anche non chiedertelo.

Adesso che abbiamo risolto il problema dei soldi passiamo al resto della questione. Una volta che hai effettuato la trattativa con i vari creditori e trovato il finanziatore non ti rimane che effettuare il rogito.

Per farlo il tuo avvocato dovrà chiedere al giudice di fissare un'udienza. Come sempre succede nei tribunali italiani, vista la quantità di lavoro da svolgere e il poco personale che c'è, è probabile che fissare un'udienza diventi in qualche modo problematico, per il semplice fatto che bisogna far collimare gli orari di tutti, soprattutto dei tuoi professionisti, che devono essere presenti con te, i creditori, i debitori e il giudice. Una volta che il tuo avvocato ha controllato tutta la documentazione che dovrai firmare con ogni cautela, appena concluso il rogito sei a tutti gli effetti il proprietario dell'immobile.

Alla fine di tutto il procedimento ti consiglierei di farti rilasciare un foglio da ogni creditore, che attesta il fatto che abbia ricevuto il proprio denaro, il tutto ovviamente va fatto in presenza del tuo avvocato. Questo ti garantisce di evitare equivoci che possono verificarsi dopo che hai concluso l'operazione di stralcio immobiliare.

RIEPILOGO DEL CAPITOLO 2:

- SEGRETO n. 6: Gli stralci sono una modalità di acquisto di immobili sui quali gravano debiti che permettono di ottenere forti sconti e aumentano le percentuali di guadagno su base annua.
- SEGRETO n. 7: Lo stralcio è una pratica vantaggiosa per tutte le parti coinvolte, a differenza dell'asta. Cerca di delineare all'esecutato cosa può ricavare da una situazione come la sua spiegandogli gli scenari possibili che gli si presentano di fronte.
- SEGRETO n. 8: La perizia è un documento importantissimo che va letto in maniera scrupolosa e può fornirti una cifra approssimativa dei debiti gravanti sull'immobile in questione utili al fine di fare una prima valutazione dell'affare.
- SEGRETO n. 9: Conoscere come interpretano la legge i giudici del tuo tribunale e che tipo di persone sono, ti aiuta a fare delle attente valutazioni riguardo alle tempistiche, che sono fondamentali nello stralcio immobiliare.
- SEGRETO n. 10: Sapere cosa può guadagnare o cosa può perdere una banca in uno stralcio immobiliare può fare la differenza su quanto tu gli debba pagare e quindi può influire

sui tuoi guadagni.

CAPITOLO 3:
Come fare una cessione di compromesso

Questo è uno dei metodi che consiglio caldamente a chi non ha disponibilità economiche; bastano pochissime migliaia di euro per concludere un affare. Chiariamo cosa succede a grandi linee nella cessione di un compromesso.

La cessione del compromesso, è una pratica del tutto legale regolata dal codice civile a partire dall'articolo 1321.

Concettualmente è molto semplice: essa percorre tutte le tappe di una compravendita normale fino ad arrivare al contratto preliminare, con la sostanziale differenza che non sei tu quello che compra effettivamente, ma una terza persona cui cederai il compromesso dietro compenso. In questo modo a te rimane la differenza di prezzo fra quello scritto nel compromesso e quello pattuito con il nuovo acquirente che comprerà al posto tuo.

Facciamo un esempio: sei riuscito a trovare una casa per la quale ti vengono chiesti 120.000 euro mentre essa ne vale 150.000. A questo punto decidi di stipulare un preliminare e nel frattempo prima di arrivare al rogito trovi una terza persona che pagherà 135.000 euro, di cui 120.000 andranno all'ex proprietario e 15.000 sono il tuo compenso, ovvero la differenza di prezzo.

Questo è il meccanismo di base a grandi linee. Cerchiamo di capire i pro e i contro di questo tipo di compravendita. La cessione ha il vantaggio di non richiedere capitali da investire però, trovare una casa sulla quale effettuare questa modalità di business non è facile anzi, è una cosa che richiede moltissima costanza e impegno. Diciamo che, mediamente, su 100 immobili ne troverai uno o due che possano interessarti e fare al caso tuo.

Questo cosa significa? Vuol dire che il mercato immobiliare è un'opportunità per tutti di creare la propria ricchezza anche partendo da zero. In altre parole se non hai i soldi per comprarti un'immobile normalmente e rivenderlo, dovrai scambiare il tuo impegno e il tuo valore per soldi. Ho voluto spendere queste righe per eliminare un po' quella comune credenza che dice: «Chi non ha soldi non può fare soldi!»

SEGRETO n. 11: il mercato immobiliare è un'opportunità per tutti di creare la propria ricchezza, indipendentemente da quanti soldi si possiedono.

Adesso entriamo nel dettaglio del come funziona la cessione del compromesso dall'inizio fino alla fine.

Innanzitutto, nella cessione del compromesso, bisogna conoscere bene i prezzi del mercato, perché devi sapere a quanto puoi rivendere una casa. All'inizio non riuscirai a fartene un'idea precisa, ma leggendo giornali, frequentando agenti immobiliari, fermandoti davanti alle vetrine delle agenzie, guardando i prezzi di immobili in esposizione e leggendoti qualche libro sull'estimo vedrai che dopo un po' di tempo diventerai un vero esperto dei prezzi.

Una volta che riuscirai a fare delle stime oggettive solo visitando l'immobile, passerai a cercare l'immobile adatto. Questa è la parte più difficile di tutto il percorso. Infatti, dovrai armarti di buona volontà e pazienza, perché buona parte di chi vende un'immobile lo vende per trarre il massimo profitto, cosa che un vero investitore immobiliare non cerca. Quindi aspettati di dover visionare circa un centinaio di case e vedrai che riuscirai a trovare quella adatta. Le caratteristiche che si ricercano in un'immobile adatto alla cessione del compromesso sono fondamentalmente tre:

- appartamento facilmente vendibile;
- buona location;
- venditore motivato a vendere.

Appartamento facilmente vendibile

Ovvero compra quelli che vengono chiamati immobili liquidi, al massimo prenditi un trilocale perché già con i quadrilocali si riscontrano difficoltà in più. Evita di cercare villette o ville, terreni o cose diverse da un appartamento. Devi anche valutare un altro fattore che è la posizione dell'appartamento all'interno del palazzo: più sei vicino al piano terra e più il prezzo aumenta (non sempre) anche se in realtà gli amanti del panorama che si gode dall'alto ci sono. Tuttavia per esperienza personale ho notato che gli appartamenti migliori sono quelli al primo piano e devi tenere conto della presenza o assenza dell'ascensore. Come puoi ben constatare, qui una buona fetta di chi intende specializzarsi nella cessione del compromesso si basa sul saper stimare immobili, ma comunque va detto che servono anche capacità di negoziazione superiori a quelle di chi compra casa per abitarci senza scopo speculativo. In altre parole queste sono le caratteristiche che rendono un appartamento facilmente vendibile:

- deve essere al massimo un trilocale;
- preferibilmente al primo piano;
- presenza dell'ascensore.

Buona location

Questo è fondamentale: volendo si può sorvolare sul primo punto ma sulla location, non si può per niente chiudere un occhio. Anzi è proprio la location, ovvero il luogo dove è situata la casa, a determinare il valore di mercato. Quindi cerca sempre un appartamento situato in una zona ben servita, questo ti faciliterà di gran lunga il compito del cedere il compromesso. Quindi mi raccomando sii selettivo sulla posizione.

Venditore motivato

Avere un venditore motivato è un vantaggio enorme, anzi spesso ti può capitare di trovare anziani che si trovano soli in una casa troppo grande per loro e quindi sono più predisposti a vendere facilmente, oppure quelli che hanno urgenza perché si devono trasferire e chi ne ha più ne metta, ma trovarti un venditore che ha voglia di concludere, ti aiuta in maniera non del tutto indifferente.

Una volta che hai scovato il tuo immobile, dovresti fissare un appuntamento dal tuo avvocato di fiducia per discuterne, così facendo capirai anche meglio il perché il venditore sta vendendo, e scoprirai dettagli che possono aiutarti a ottenere un prezzo interessante. Passiamo ora a capire la struttura del testo del contratto preliminare, che può essere di due tipologie: uno a "effetti obbligatori" e l'altro a "effetti reali". Questo è un dettaglio che non puoi lasciare al caso così come la tipologia della caparra che ti spiegherò più avanti.

Il contratto preliminare a effetti obbligatori

Questo è quello che ti consiglio di usare. Infatti, nella prassi è usato quasi solo ed esclusivamente questo contratto perché nel testo vi è citato «prometto di vendere», «prometto di acquistare», ovvero c'è una promessa e un obbligo per tutte le parti in questione, ma senza trasferire la proprietà, cosa che invece accade nel contratto a effetti reali. Questo significa che la casa rimane di proprietà di chi vende fino alla conclusione del rogito.

Contratto preliminare a effetti reali

Questo è un contratto dove non si prevede solo la promessa di vendita, ma nel testo troverai «acquisto» e «vendo», questo significa che anche se non ci sono i soldi sul tavolo la proprietà del bene si è già trasferita a chi compra (anche se la realtà è diversa) cioè: pur non avendo ancora pagato, l'acquirente è il responsabile e anche il proprietario di un'immobile ancor prima del rogito. Questo si traduce a livello pratico nel fatto che se per esempio la casa crolla, o si verifica un incendio, allagamento o qualsiasi altro incidente, è l'acquirente a dover rispondere di questi danni, quindi ti consiglierei vivamente di usare un contratto preliminare a effetti obbligatori.

SEGRETO n. 12: usa sempre un contratto preliminare a effetti obbligatori con il fine di tutelarti, questo ti risparmierà tanti inutili problemi che potrebbero sorgere.

Adesso passiamo alla questione della caparra. Anche qui ci sono diverse tipologie di caparre e ne abbiamo una in particolare che ci interessa ed è un vero asso nella manica per chi vuole fare cessione di compromessi e allo stesso modo tutelarsi in cambio di una piccola somma di denaro. La regola fondamentale della caparra per quella che è la mia esperienza è questa: **offri caparre bassissime!**

Per un appartamento non dovresti superare qualche migliaio di euro, anche se nella realtà gli investitori offrono caparre anche sotto i mille euro, per poi trattare questo prezzo, perché semplicemente il denaro della caparra è ciò che loro stanno realmente investendo sulla casa (oltre alle spese dei professionisti che ti aiutano). Quindi quel denaro è in un certo modo esposto a dei rischi così come qualsiasi investimento, ed è per questo che si cerca di offrire la caparra più bassa possibile. Ma c'è un altro motivo del perché chi investe offre caparre basse e ora te lo spiego. Partiamo col dire che ci sono due caparre. C'è la caparra penitenziale e quella confirmatoria.

La caparra penitenziale: in pratica ti dà il diritto di retrocedere senza dover risarcire danni e senza preavviso, ovvero significa che avevi già previsto che esistesse la possibilità di ritirarti dall'affare e in questo caso, perderesti semplicemente la caparra senza dover tirare fuori altri soldi. In altre parole limiti la tua responsabilità economica e penale nel caso in cui un affare prenda una piega che non avevi previsto.

La caparra confirmatoria: questa te la sconsiglio vivamente a meno che tu non veda che hai un affarone sotto mano e vuoi vincolare l'altra parte, ma ti ricordo che vincolando il venditore sei a tua volta vincolato alla stessa maniera quindi valuta molto attentamente quando usarla anche perché non tutti conoscono questi dettagli. Nel caso in cui il venditore vede che gli conviene retrocedere perché magari ha trovato qualcuno che gli offre di meglio, questo ti dovrà restituire il doppio della caparra che avevi lasciato, mentre se sei tu a recedere, qui sorgono problemi, perché il venditore ha tutte le carte in regola per farti causa.

SEGRETO n. 13: la caparra da offrire deve essere la più bassa possibile e inoltre dev'essere di tipo penitenziale al fine di tutelarti sia sul fronte economico che legale.

L'ultima cosa sulla struttura del testo del contratto preliminare, è che vi deve essere la seguente clausola: «Compra per sé, per persona fisica o giuridica»; questa riga è il tuo asso nella manica che ti permette di cedere dietro compenso il preliminare, e a chi vende gli importa ben poco se compri tu o qualcun'altro, pur di avere i propri soldi. Quindi mi raccomando controlla che ci sia questa clausola e chiarisci le tue intenzioni al tuo avvocato così da tenerne conto quando ti preparerà i moduli.

Altro motivo per cui gli investitori offrono caparre basse è per una questione finanziaria, ovvero si utilizza meglio l'effetto leva. Ti spiego brevemente in che cosa consiste: come avevamo detto il rischio che si assume l'investitore è esattamente il denaro della caparra. Ammettendo che lui abbia investito 2000 euro come caparra e a fine operazione ricava 20.000 euro allora avete una leva del 1000%, vale a dire che rischi 2000 euro ma c'è la possibilità di guadagnare 10 volte il capitale investito, ed è proprio questo il punto di forza della cessione del compromesso.

Adesso che hai chiaro quelle che sono le caratteristiche di un contratto preliminare, è giunta l'ora di stipularlo con il venditore. Mi raccomando qualsiasi foglio devi firmare, fallo leggere e controllare dal tuo avvocato e magari anche dal notaio di fiducia, la trappola è sempre dietro l'angolo in questo settore.

Una volta fatto questo devi registrare il tuo contratto, di cui devi avere almeno 2 copie originali (ti consiglio di lasciare una fotocopia dal tuo avvocato e di tenertene qualcun'altra a portata di mano) che ha il costo di 168 euro indipendentemente dal contenuto del contratto stesso, e per ogni 100 righe di testo si prevede il pagamento di una marca da bollo da 14, 62 euro.

Quindi, metti in conto che spenderesti poche centinaia di euro per stipulare un preliminare come si deve, anzi in genere sono più alte le spese dei professionisti che quelle del preliminare stesso, ma se vuoi un consiglio, pagali e subito perché sono i tuoi professionisti che ti tutelano e ti conducono verso la strada più corretta facendoti risparmiare soldi e tempo. Quindi, spenderesti sui 500 euro indicativamente per stipulare tale contratto facendo tutto a regola d'arte, oltre alla caparra che lasci.

Una volta registrato il preliminare, ti spetta ora il compito di cercare l'acquirente che al posto tuo comprerà effettivamente al rogito. Un piccolo consiglio che ti posso dare se vuoi concludere la cosa in fretta è: invece di cercarti l'acquirente in un secondo momento (cioè dopo la stipula del preliminare), è più astuto cercare prima chi ha intenzione di comprare per poi cercare la casa adatta. Questo ti permette di concludere affari riguardanti immobili che, basandoti solo sui tuoi gusti personali, non avresti mai preso in considerazione.

Facciamo un esempio: hai trovato una villa fuori città magari sui colli a un prezzo interessante, solo che il target interessato ad abitare un immobile così è davvero ridotto, in quanto è scomoda per chi vuole una zona ben servita il che presuppone che ciascun membro della famiglia abbia un mezzo proprio quindi un costo mensile non indifferente e dunque ci vuole una capacità economica superiore alla media.

Sfogliando giornali o leggendo annunci sui siti web, trovi una persona in cerca di un'immobile del genere, la chiami, la contatti, cerchi di capire quanto è disposto a offrire. Se riesci a trovare una soluzione economica che accontenti tutti sia chi vende che chi compra e anche te stesso, allora ti consiglierei di stipulare subito il preliminare e cederlo all'atto del rogito.

Quindi, anche se un'immobile a prima vista ha poche speranze di essere venduto, tieniti il contatto telefonico del proprietario della casa in questione nella tua banca dati. Nell'arco di un mese se proprio ti va male dovresti avere una banca dati con almeno venti immobili ma dovrai tenere sott'occhio anche gli annunci dei potenziali acquirenti, altrimenti non avrebbe molto senso tutto questo lavoro. Ti basta un semplice file excel per conservare i dati degli appartamenti in attesa di trovare potenziali clienti, ma senza perderci troppo tempo ed energia. In parole povere, si tratta semplicemente di diversificare il tuo investimento a costo zero.

SEGRETO n. 14: tieniti i contatti dei venditori di appartamenti che reputi interessanti ma di difficile liquidabilità, questo ti permette di diversificare l'investimento senza dedicare troppo sforzo a questa categoria, così nel frattempo ti puoi impegnare su appartamenti più remunerativi.

Alla fine di tutto questo percorso dovresti aver messo insieme le parti che compongono la cessione di un compromesso, ovvero c'è chi vende l'immobile e tu che possiedi il compromesso e chi comprerà realmente al posto tuo, ovvero il vero futuro proprietario.

Fatto questo dovresti semplicemente procedere al rogito dove vi troverete tutti davanti al tuo notaio di fiducia (sempre con la presenza del tuo avvocato). Tu cederai il compromesso dietro compenso, poi il nuovo proprietario pagherà la cifra che tu avevi concordato con il venditore.

In realtà, potresti benissimo cedere il compromesso senza la presenza dei tuoi professionisti, ma te lo sconsiglio vivamente, perché c'è di mezzo la tutela di tutte le parti in gioco. Detto questo, adesso che hai chiaro i meccanismi dello stralcio e della cessione del compromesso, seguimi nel prossimo capitolo dove ci occuperemo di uno dei più complessi e intriganti business immobiliari.

RIEPILOGO DEL CAPITOLO 3:

- SEGRETO n. 11: Il mercato immobiliare è un'opportunità per tutti di creare la propria ricchezza, indipendentemente da quanti soldi si possiedono.
- SEGRETO n. 12: Usa sempre un contratto preliminare a effetti obbligatori con il fine di tutelarti, questo ti risparmierà tanti inutili problemi che potrebbero sorgere.
- SEGRETO n. 13: La caparra da offrire deve essere la più bassa possibile e inoltre dev'essere di tipo penitenziale al fine di tutelarti sia sul fronte economico che legale.
- SEGRETO n. 14: Tieniti i contatti dei venditori di appartamenti che reputi interessanti ma di difficile liquidabilità, questo ti permette di diversificare l'investimento senza dedicare troppo sforzo a questa categoria, così nel frattempo ti puoi impegnare su appartamenti più remunerativi.

CAPITOLO 4:
Come fare uno short trading

Questo è uno dei metodi più complicati in assoluto, infatti non a caso, Alfio Bardolla (persona da cui ho imparato molte cose e del quale consiglio di frequentare i corsi), definisce questa modalità di compravendita come «l'Harvard dell'investitore immobiliare». Cosa vuol dire? Semplice: se riesci a fare questa tipologia di compravendita, prima di tutto non hai rivali e in secondo luogo le altre tipologie di compravendita diventeranno come bere un bicchiere d'acqua. Ma andiamo con ordine. In che cosa consiste lo short trading?

Lo Short trading consiste nel combinare lo stralcio con la cessione del compromesso in un'unica soluzione. Qual è il meccanismo di base? Il meccanismo è questo: tu trovi una casa con il mutuo in sofferenza, intervieni, tratti con i creditori come in un vero e proprio stralcio, nel frattempo firmi il compromesso, poi una volta fatto questo cerchi qualcuno che comprerà al posto tuo, il tutto avviene nell'arco di un paio di mesi circa a seconda della distanza della data dell'udienza per l'asta e di altri fattori che sono impossibili da elencare in toto.

É proprio per la mancanza di tempo che si chiama short trading, ed è proprio il fattore tempo che ti permette di fare soldi, in quanto la banca comincia a valutare l'idea di abbassare il suo obbiettivo di riavere indietro ogni centesimo prestato, pur di vendere prima dell'asta.

Normalmente anche la cessione di compromesso normale sarebbe da considerarsi uno short trading, ma non è così restrittiva nei tempi così come quando si effettua uno stralcio combinato con la cessione di compromesso, per il semplice fatto che nella classica cessione di compromesso il rogito può essere fatto quando fa più comodo alle parti in questione cosa che non avviene nell'autentico short trading. In questo caso il tempismo da rispettare è a dir poco fiscale se paragonato alle altre forme di compravendita.

Innanzitutto lo short trading richiede buone capacità di negoziazione. Infatti qualche libro di persuasione/negoziazione male non ti fa. Ho trovato interessante il libro intitolato *Le armi della persuasione* di Robert Cialdini ma è altrettanto valido l'ebook intitolato *Il Negoziatore* di Giacomo Bruno. Fatta questa piccola premessa, analizziamo i fatti.

Lo short trading riguarda solamente immobili con pignoramenti o comunque con mutui incagliati. Anche qui valgono le stesse regole che si seguono in uno stralcio, l'unico problema qui è che si è più vincolati dal punto di vista temporale perché in pratica devi stipulare il compromesso, trattare con la banca e trovare chi compra al posto tuo, il tutto deve accadere nell'arco di pochi mesi. Quindi, il tempo nello short trading è un elemento fondamentale, che può pregiudicare la conclusione di un'operazione.

Per fare questo business è fondamentale controllare gli immobili in esposizione sul sito del tuo tribunale con una cadenza quasi giornaliera (è un'operazione che non ti ruba più di qualche minuto ma ne vale la pena). Questo ti permette di essere sempre aggiornato e cosa più importante non perdi tempo.

SEGRETO n. 15: il tempo nello short trading è un elemento fondamentale che può pregiudicare la conclusione di un'operazione.

Ma ora vediamo quali sono le fondamentali caratteristiche di un'immobile adatto allo short trading. Essendo una combinazione dei due metodi dei capitoli precedenti significa che deve avere le caratteristiche adatte per entrambe le tipologie, ovvero:

- l'immobile deve avere un mutuo incagliato;
- buona location;
- appartamento facilmente vendibile;
- venditore motivato.

I primi due punti non necessitano di molte spiegazioni, quelli che sono più interessanti sono gli ultimi due.

Appartamento facilmente vendibile: in questo caso si intende un'immobile liquido, ovvero un'immobile alla portata di molte persone. Non cercarti immobili di lusso, terreni edificabili, terreni agricoli, anche se essendo pignorati hanno un buon prezzo, ti complicheresti il compito di trovare un'acquirente con il rischio di perderci soldi e tempo.

Venditore motivato: il venditore in questo caso, è esattamente l'esecutato proprio per il fatto che stiamo trattando un'immobile con mutuo in sofferenza. La mia personale esperienza mi ha insegnato che nella maggior parte dei casi ci si trova di fronte a persone diffidenti e che hanno perso la speranza: il tuo compito consiste nello spiegargli cosa puoi fare esattamente per loro, dove sta il tuo guadagno e dove sta il loro.

Un piccolo trucco per convincere l'esecutato è quello di dire prima cosa guadagni tu e dopo dire cosa ci guadagna lui per il semplice fatto che la sua mente si focalizza sull'ultima informazione ricevuta, che è un'informazione piacevole per la sua mente, il che lo fa diventare più portato ad aprirsi. Una volta superato questo piccolo scoglio vedrai che diventerà decisamente più collaborativo.

Come puoi vedere non basta il primo immobile che capita a tiro per fare uno short trading, ma bisogna essere selettivi se si vuole concludere in fretta.

Mentre nella cessione del compromesso puoi benissimo cercare la terza persona che comprerà al posto tuo dopo aver stipulato il preliminare, nello short trading non puoi permettertelo per ragioni di tempo. Quindi la ricerca di immobili pignorati e di persone interessate vanno di pari passo.

Ti consiglio caldamente di cercare qualche agente immobiliare fidato, perché può facilitarti il compito e può anche avere degli interessati che aspettano di trovare una casa proprio come quella che hai visto all'asta, perché giustamente non sempre riuscirai a portare a termine entrambi i compiti in maniera efficiente. Quindi questa figura professionale è indispensabile se vuoi riuscire in questa tipologia di compravendita.

Così facendo svilupperesti anche una sorta di collaborazione fra di voi e vedrai che dopo un po' sarà l'agente immobiliare a chiederti se hai case da vendere.

SEGRETO n. 16: l'agente immobiliare è un ottimo alleato che può dare una mano al tuo business soprattutto in condizioni poco favorevoli o di errato investimento.

Quindi devi trovare quasi contemporaneamente sia la casa sia l'acquirente, anche se è preferibile trovare prima quest'ultimo e sarebbe meglio avere la cifra massima che è disposto a spendere perché è in base a questo dato che dovrai regolarti. Ovviamente come obiettivo poniti quello di far concludere un buon affare a tutte le parti in gioco, vale a dire che devi stabilire un accordo di tipo win-win.

Adesso entriamo nel dettaglio del come comportarsi e cosa fare con il proprietario esecutato. Prima di tutto gli devi chiarire le tue intenzioni, per una semplice ragione: dato che lo short trading è un lavoro di mediazione ancora prima di essere un lavoro di speculazione, il proprietario deve sapere quel che stai facendo, e stanne pur certo, difficilmente venderai casa se non la farai vedere ai potenziali acquirenti, quindi chiariscigli il quadro.

Altra cosa importante è farti dire dall'esecutato gli orari in cui è disponibile per far visitare la propria casa. Questo ti permetterà di organizzare gli appuntamenti sia con il tuo agente immobiliare che con i privati interessati che ti contatteranno. Pensa cosa succederebbe se invece la gente iniziasse a chiamarti per poter vedere la casa e tu non potessi darle un orario preciso. La cosa diventerebbe assai problematica e tutte le volte ti ritroveresti a dover chiamare l'esecutato per sentire quando è disponibile; invece se gli chiedi sin da subito quali siano i suoi orari settimanali e quando ha la certezza di essere a casa questo, risolverebbe il problema alla radice e agevolerebbe il lavoro di entrambi. Tutto questo discorso ti conviene farlo presso l'ufficio del tuo legale per capire anche le esigenze dell'esecutato.

SEGRETO n. 17: cerca di capire gli orari dell'esecutato per sapere quando è libero così potrai organizzare visite per i potenziali acquirenti senza dover disdire o spostare appuntamenti.

Una volta stabilito un rapporto umano e di empatia con l'esecutato, rimane da pensare all'aspetto tecnico e legale di cui devono incaricarsi il tuo avvocato e il tuo tecnico di fiducia. Dopo che avrete visionato la casa in questione, letto la perizia, effettuati i controlli presso gli uffici catastali e seguite tutte le cautele si passa alla stipula del preliminare vero e proprio sempre in presenza del tuo avvocato.

Evita di farti prendere dalla fretta e di saltare i controlli e di giocare la partita da solo, per realizzare il tuo guadagno il più presto possibile. La fretta è cattiva consigliera.

Ora che hai il preliminare sotto mano ti restano due cose da fare: la prima è trattare con i creditori, la seconda invece è quella di trovare un'acquirente al posto tuo. Adesso andremo a trattare questi due aspetti che sono i pilastri per riuscire bene nello short trading.

In realtà il conteggio lo si può richiedere bene anche prima del preliminare a patto di avere una delega. Se puoi e hai tempo fattelo lasciare prima, ma ogni stralcio è una storia a sé stante, e ho deciso di inserire il conteggio successivamente alla stipula di tale contratto per rendere più semplice la comprensione dei concetti, anche se le cose negli nello short trading così come nello stralcio, sono correlate.

Per richiedere il conteggio, prima di tutto devi sapere chi sono i creditori e quanti sono. Nella maggior parte dei casi sono sempre in due, cioè la banca e l'amministratore del condominio, ma questo non esclude assolutamente il fatto che possano esserci altri creditori. Infatti, in questo passo ti dovrai muovere insieme al tuo legale per effettuare tutti i controlli necessari. Inoltre per avere una cifra precisa e aggiornata, fatti sottoscrivere un documento con scritta la penale che si paga per ogni giorno di ritardo del pagamento. Questo ti serve soprattutto per farti i conti nella maniera più precisa possibile sul prezzo che poi dovrai chiedere al nuovo acquirente. Facciamo un esempio per renderti chiaro il concetto.

Hai trovato una casa interessante, che vale al momento 200.000

euro, al momento del conteggio scopri ad esempio che la banca vanta un credito di 95.000 euro, in più per ogni giorno di ritardo ti conta ad esempio 15 euro al giorno, questo significa che mensilmente sono 450 euro da pagare in più. Ora se ad esempio l'unico creditore è la banca e hai 2 mesi di tempo per concludere l'affare, allora dovrai mettere in conto una penale massima di 900 euro, ovvero per stare sul sicuro e avere la cifra massima che la banca incasserà che sarà di 96.000 euro (arrotondando per eccesso). A questo punto potresti cedere il compromesso a 60.000 euro, mentre sul preliminare ti accordi per esempio con una cifra di 105.000 euro (questo per lasciare qualcosa all'esecutato e far in modo che collabori). Così il nuovo proprietario paga 165.000 invece dei 200.000 euro, il che essendo una casa con uno sconto di circa il 20% ti garantisce di rivendere l'immobile in tempi molto brevi (ricordi la regola n. 1 del business immobiliare?).

SEGRETO n. 18: fatti rilasciare dai creditori il conteggio aggiornato per valutare effettivamente la validità dell'affare e inoltre, fatti sottoscrivere un foglio che indichi la somma da pagare per ogni giorno di ritardo.

Adesso che hai il conteggio aggiornato di ogni creditore, ti puoi muovere per trovare un'acquirente cui cedere il compromesso dietro compenso. Qui come avevamo detto in precedenza, dovrai aver concordato un orario in cui è possibile fare visite, e comunicato gli orari che hai a disposizione agli agenti immobiliari con cui stai collaborando. La cosa migliore sarebbe far fare le visite ai potenziali acquirenti in un orario compreso dalle ore 19:00 alle 21:00. In questa fascia oraria buona parte delle persone è libera, o almeno non è a lavorare quindi riesce meglio prendersi questo piccolo impegno extra senza stravolgersi la vita. Naturalmente dovrai organizzare più giorni di visite nell'arco della settimana così da avere più possibilità di concludere l'affare.

Ovviamente per essere chiaro e trasparente sul prezzo con i potenziali interessati tieni sempre una fotocopia sul conteggio con te e spiega la situazione sempre, perché mi è già capitato che della gente non creda che il prezzo sia davvero quello, pensando che si tratti di una truffa, mentre in realtà è semplicemente un buon affare. Proprio per questa ragione, spiega la situazione fin dal principio; questo, oltre a permetterti di concludere l'affare in tempi ragionevoli, eviterà di farti perdere del tempo con persone non interessate.

Una volta che hai trovato l'acquirente dovrai semplicemente concludere la cessione del compromesso. Qui il tutto avviene davanti al giudice e saranno presenti anche tutte le restanti parti coinvolte cioè, tu e il tuo legale, l'avvocato dell'esecutato (se c'è l'ha, spesso chi è in queste condizioni non si può permettere di pagare un avvocato), il reale acquirente, i creditori e i loro avvocati. Il tutto si svolge esattamente come nello stralcio, con l'unica differenza che sei il primo ad essere pagato, mentre nello stralcio sei tu a dover pagare gli altri perché stai acquistando.

Nella cessione i pagamenti avvengono teoricamente in quest'ordine, prima di tutto, tu cedi il compromesso e ti prendi la cifra concordata, l'esecutato cede il bene e si prende la somma di denaro che è scritta sia in numeri che in lettere trasferendo il bene all'acquirente e a questo punto sarà l'esecutato a dover pagare i creditori. Nella realtà succede che tutti i pagamenti avvengono nell'ordine citato eccezion fatta per l'ultimo dove chi compra sa già cosa sta comprando e quanto vogliono i creditori, quindi i creditori vengono direttamente pagati dall'acquirente e il rimanente (se avevi concordato un prezzo che lo permette) va all'esecutato, così quest'ultimo non solo avrà rimediato alla sua situazione ma avrà anche guadagnato soldi e evitato di finire nella black list.

RIEPILOGO DEL CAPITOLO 4:

- SEGRETO n. 15: Il tempo nello short trading è un elemento fondamentale, che può pregiudicare la conclusione di un'operazione.
- SEGRETO n. 16: L'agente immobiliare è un ottimo alleato che può dare una mano al tuo business soprattutto in condizioni poco favorevoli o di errato investimento.
- SEGRETO n. 17: Cerca di capire gli orari dell'esecutato per sapere quando è libero così potrai organizzare visite per i potenziali acquirenti senza dover disdire o spostare appuntamenti.
- SEGRETO n. 18: Fatti rilasciare dai creditori il conteggio aggiornato per valutare effettivamente la validità dell'affare e inoltre, fatti sottoscrivere un foglio che indichi la somma da pagare per ogni giorno di ritardo.

Conclusione

La lettura di questo corso ti ha sicuramente offerto una panoramica generica delle modalità di compravendita immobiliare soprattutto per la parte degli stralci che è quella che reputo fondamentale. Ovviamente si potrebbe scrivere di più anzi si potrebbe scrivere un corso per ogni modalità di compravendita, ma troppe informazioni sarebbero controproducenti per il semplice fatto che richiederebbero molto tempo da dedicare allo studio, mentre il settore immobiliare è un settore prettamente pratico.

Con questo corso ho voluto fornirti gli strumenti e le conoscenze indispensabili per poter concludere degli affari di tutto rispetto, ma senza riempirti la testa di concetti troppo teorici, che si rivelerebbero semplicemente poco produttivi portandoti al non agire e confondendoti le idee.

Direi che è arrivata l'ora di mantenere la promessa che hai fatto a te stesso: leggi e rileggi questo corso e confrontati con la realtà del mercato e come vedrai ben presto, l'unico modo per acquisire esperienza è stare a contatto con questo mondo e praticando costantemente, per il semplice fatto che ogni immobile ha dietro una storia, ogni stralcio è diverso da un altro, ogni esecutato ragiona in maniera diversa da un altro quindi sono tutti fattori di cui devi tener conto. Saranno la pratica e l'esperienza che accumulerai a indicarti le strade migliori. Sicuramente oggi gli stralci e gli immobili presentano un'opportunità davvero unica, se t'impegnerai. Non ho il minimo dubbio che tu riesca a ottenere delle soddisfazioni sia economiche che professionali e perché no anche nei rapporti umani. In bocca al lupo!

www.ingramcontent.com/pod-product-compliance
Ingram Content Group UK Ltd.
Pitfield, Milton Keynes, MK11 3LW, UK
UKHW022014190726
13853UKWH00005B/1923

9 788861 745629